AF336017

LA
CALIFORNIE

EN FÉVRIER 1852;

PAR

P. MAURY JUNIOR,

Négociant-Commissionnaire à San-Francisco.

BORDEAUX,

DURAND, IMPRIMEUR DE LA PRÉFECTURE, ALLÉES DE TOURNY, 7.

—

1852.

LA HAUTE-CALIFORNIE.

Pb.
1384

4389

LA HAUTE-CALIFORNIE

EN FÉVRIER 1852,

PAR

P. MAURY JUNIOR

Négociant-Commissionnaire,

A SAN-FRANCISCO.

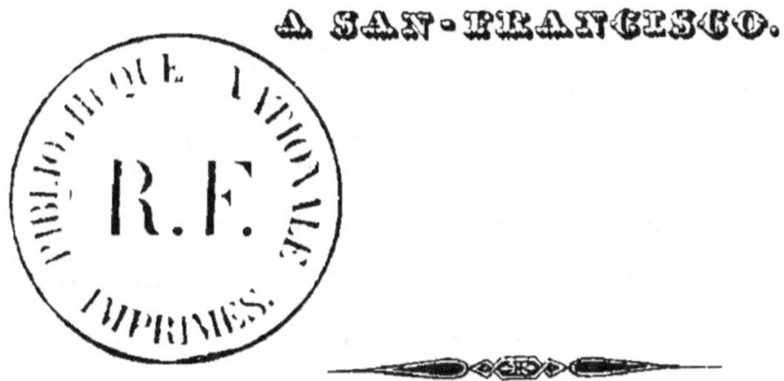

BORDEAUX,
IMPRIMERIE DE DURAND, ALLÉES DE TOURNY, 7.
—
1852.

LA HAUTE-CALIFORNIE

DÉPÔT LÉG.
Gironde
N° 173
13..9

En février 1852,

PAR P. MAURY JUNIOR,

Négociant-Commissionnaire, à San-Francisco.

Il n'y a certainement aucun pays au monde qui ait fait des progrès si rapides, si importants que la Haute-Californie.

Depuis sa première découverte par les conquérants du Mexique, et la visite faite en 1579 par le grand navigateur Francis Drake, qui donna son nom à la fameuse baie de San-Francisco, le gouvernement espagnol se borna à l'établissement de quelques *presidios* ou colonies de forçats, et à donner protection à des missionnaires qui, peu à peu, formèrent une ligne d'établissements religieux depuis Loreto, dans le golfe de Californie (Mer Vermeille), jusqu'aux rivages de la baie de San-Pablo. — La première de ces missions dans la Haute-Californie fut établie en 1769, à San-Diego, lorsque la conversion des Indiens de la Basse-Californie était accomplie. Par degrés, les Jésuites, les Franciscains et les Dominicains étendirent leurs établissements le long de la côte, et finirent en 1792 par construire les missions d

Sonora, San-Jose, Santa-Clara, Mates et de Dolores, sur les bords des baies de San-Pablo et de San-Francisco. — Ce dernier établissement, aidé par le *presidio* de San-Francisco, donnait la vie au village de Yerba-Buena, qui ne se composait en 1846 que de douze cabanes, et où est née la présente ville de San-Francisco destinée à devenir le point le plus important de tout le Pacifique.

Les bons résultats obtenus par ces missions amenèrent une assez grande émigration de laboureurs du Mexique qui acquirent des *ranchos* ou fermes et construisirent les premiers villages pour la protection mutuelle contre les attaques assez fréquentes des Indiens de la Sierra.

Les Russes, attirés par la bonne chasse aux loutres, vinrent aussi s'établir sur les bords du San-Sebastian, près de Bodega, où ils construisirent le fort Ross, colonie assez considérable dans son temps. — En 1839, le capitaine Sutter, qui avait servi dans les gardes suisses de Charles X, vint s'établir en Californie et reçut une cession de onze lieues de terrain sur les bords du Sacramento, fit des achats assez considérables de terrains aux Russes, et avant l'arrivée des Américains, il était le chef le plus puissant de cette contrée.

Le Mexique a toujours négligé ces parages; Monterey, qui en était la capitale, était aussi le seul port ouvert au commerce étranger, qui consistait dans l'exportation annuelle d'environ 200,000 cuirs de bœuf, de 30,000 quint. de suif et d'une quantité de peaux fines donnés en échange pour des marchandises d'importation nécessaires à la consommation des habitants. — Le pays produisait assez de blé et de vin pour la consommation, ce ne fut qu'après la découverte de l'or que le travail des champs fut abandonné et que la population commença à dépendre de l'importation de vivres de l'étranger.

Par la paix de Guadalupe-Hidalgo, en 1848, les États-Unis devenaient les maîtres de la Haute-Californie conquise déjà par leurs armes ; et quoique le gouvernement américain ne fît rien au commencement pour assurer la prospérité de ce pays, l'émigration fut d'abord assez considérable, et les nouveaux arrivants, doués d'une énergie sans bornes, se constituèrent en Etat, formèrent un Congrès et commencèrent à rendre des lois et à régler la société. — Les frontières de cet Etat restaient les mêmes que sous le gouvernement mexicain, c'est-à-dire du 33e au 41e degrés de latitude, et du 119e au 126e degrés de longitude (méridien de Paris), ou de la Basse-Californie au sud, du Pacifique à l'ouest, de l'Orégon au nord, et du territoire d'Utale à l'est. — Enfin, il y a environ un an que le congrès de Washington a admis la Haute-Californie comme Etat dans l'Union américaine avec le droit de représentation, et par suite quelques lois favorables ont été rendues en faveur de ce pays, dont la grande importance a été reconnue.

La soif de l'or a attiré dans cet Etat les ambitieux de tous les pays du monde : les habitants de l'Empire-Céleste se mêlent ici avec les peuples civilisés de l'Europe, les nègres avec les forçats de Sidney, et les créoles de l'Amérique du sud avec les différentes races de l'Amérique du nord. — Ce mélange d'habitants de différentes nations a causé naturellement une réunion de caractères hétérogènes sur un même point ; et si l'on prend en considération que toutes les insti- tutions sociales ont dû être créées d'un chaos, suite natu- relle de l'état primitif des institutions mexicaines, l'on re- connaîtra qu'il est étonnant que le résultat obtenu ait été aussi favorable et si promptement acquis.

En 1849, quelques bandes de malfaiteurs, venus de New-York, commirent des assassinats et tâchèrent de bou- leverser la société, mais les honnêtes gens menacés se mirent en état de défense et à la poursuite de ces criminels, qui finirent par être pris et condamnés par un Jury, soit aux galères, soit à la déportation. Au printemps de l'année dernière, les juges de San-Francisco, aidés par une clique d'avocats de mauvaise foi, assuraient l'impunité aux mal- faiteurs en se servant de subtilités pour rendre les lois im- puissantes, et quand une condamnation avait lieu, le gou- verneur de la Californie prenait sur lui de faire grâce aux assassins, pourvu qu'ils lui payassent une forte indemnité. — D'après la Constitution américaine, chaque citoyen a droit à l'*Habeas Corpus*, ce droit si précieux devenait un fléau pour la société par la manière dont les juges s'en ser- vaient. Les criminels sortaient de prison sur la caution d'un complice, et les jurés se composaient de fainéants qui as- sistaient aux assises à tant par tête, et prononçaient leur *guilty* ou *not guilty* — coupable ou non coupable — selon les promesses d'argent qui leur avaient été déjà faites. — Le peuple, dégoûté de cet état de choses, se forma alors en Comité de Vigilance pour la protection mutuelle de la pro- priété et la poursuite des malfaiteurs, et ce ne fut qu'après en avoir pendu quatre et déporté un grand nombre que l'on put se croire en sécurité. — Ces procédés énergiques trouvèrent des imitateurs dans les autres villes de la Californie, et la loi du peuple *Lynch Law* en fut la conséquence dangereuse. — Les nouvelles élections et la construction d'une prison par des souscriptions volontaires finirent par rendre la parfaite tranquillité à San-Francisco.

Lors de la conquête, on comptait à peu près 6,000 habitants dans la Haute-Californie, sans compter bien entendu les 50 ou 60,000 Indiens que renferme ce pays. Depuis ce temps l'émigration a été fort considérable, et quoique dans le courant de l'année passée les incendies et le mauvais état des affaires aient causé le départ d'un grand nombre de personnes, on peut croire qu'il y a aujourd'hui plus de 200,000 blancs dans ce pays.

D'après les rapports officiels, les arrivages en Californie, depuis le 1er mai 1851 jusqu'au 31 décembre de la même année, s'élèvent à 18,847 par mer, et à peu près 6,000 par terre, ce qui donnerait, pour toute l'année 1851, en prenant pour base ces chiffres officiels, le nombre de 37,000 personnes environ d'arrivées, sur 16,000 que les renseignements pris à bonne source font supposer être parties. — Depuis le commencement de cette année, 1852, l'émigration a considérablement augmentée ; chaque bateau à vapeur arrivant de Panama et de San-Juan-del-Sud apporte de 400 à 1,000 passagers, et tous les navires venant de la côte du Mexique, du Chili et de la Chine en amènent également un grand nombre. — Nos derniers avis de France nous parlent aussi d'une expédition de 5,000 Français qui doit s'y faire pour cette côte, avec le produit de la loterie des lingots d'or. — Beaucoup de Mexicains arrivent par terre, et la découverte d'une route par les montagnes de neige va attirer, dans le courant de cette année, un très-grand nombre de fermiers américains, qui préfèrent le chemin des plaines pour pouvoir amener leurs bestiaux. — Cette route était presque abandonnée en 1851, par suite de souffrances inouïes que les premiers voyageurs y endurèrent en 1849 et 1850. Les habitants du territoire d'Utale ont aussi dirigé leurs regards sur les champs fertiles de la Californie; ces habitants, nommés *Mormons,* dont leur secte particulière tolère la polygamie, ont dernièrement acheté des terrains près de Los Angeles, et pensent à s'établir sur les bords du Rio Gila et du Colorado. — Les motifs de ces nouveaux élans d'émigration se trouvent justifiés par les bonnes nouvelles données sur l'agriculture californienne et sur l'immense production de ses mines.

Quant à cette première ressource, l'agriculture, c'est un fait accompli, et personne ne peut mettre en doute que la fertilité du sol de ce pays surpasse tout ce qu'on a vu jusqu'à ce jour des parties les plus favorisées du monde : le maïs a donné jusqu'à 1,600 grains pour un ; le froment, l'avoine et l'orge jusqu'à 100 pour un ; les pommes de terre sont du poids de 2 à 3 livres, et on a produit des betteraves et des navets de 60 livres; des choux énormes et des courges du poids immense de 100 livres. Le sol vierge permet, en outre, de faire deux à trois récoltes par an. Aussi, tous ceux qui se sont occupés de jardinage et d'agriculture ont gagné beaucoup d'argent, ou sont en voie d'en gagner.

Jusqu'à ce jour, toutes les farines ont été importées du Chili et des Etats-Unis, mais on commence déjà à s'occuper

sérieusement ici de la culture du froment et de la construction de moulins, et tout fait présumer que le temps ne tardera
pas à venir où la Californie saura se rendre indépendante
de l'étranger pour les articles de consommation de première nécessité. — Dernièrement encore on a aussi repris la
culture de la vigne, si florissante dans le temps des Missions, depuis San-Diego jusqu'à Santa-Barbara, et l'on parle
d'une donation faite par le gouvernement général à l'État de
la Californie des *Swamps*, terrains marécageux, propres
pour la production du sucre et du riz. — Ces terrains, mis
en vente publique, serviront à couvrir la dette de l'Etat.

D'après la Constitution américaine, les terrains vides sont
la propriété du gouvernement général, et pour fixer les limites de chaque propriété, le gouvernement a nommé une
commission qui s'occupe maintenant de l'examen des titres
des particuliers et des corporations. — Ces titres sont, pour
la plupart, d'origine mexicaine, cessions faites à certains
particuliers, villages ou missions, et passés plus tard entre
les mains de nouveaux acquéreurs; il y a aussi les *squatters
titles* ou titres de premier occupant, auquel le gouvernement
concède 160 acres au prix fixé par la Constitution. — L'esprit spéculatif des Américains a profité de cette dernière loi
pour fonder de nouvelles villes dans toutes les parties de la
Californie; les compagnies qui avaient les moyens pour faire
arpenter les sites qui leur paraissaient convenables et d'y
construire des maisons, ont réalisé des profits immenses. —
C'est ainsi que les importantes villes de Sacramento, Stockton, Sonora, Nevada et Marysville ont été fondées.

Les grandes plaines de la Californie étaient peuplées, il y

a peu d'années , par des troupeaux immenses de bœufs demi
sauvages que l'on tuait , sans distinction , absolument pour
avoir leur peau et le peu de suif qu'ils avaient. — Cette bou-
cherie, les invasions des Indiens de la Sierra , la consommation étant devenue très-forte , par suite de la grande émigration , et surtout ce système de pillage et de dissipation
qui a gouverné les esprits depuis la découverte de l'or, a
causé une diminution considérable de troupeaux attachés
aux différents *ranchos* ou fermes. — Le prix des bœufs et
des vaches a considérablement augmenté , et les nouvelles
importations des Etats-Unis, par la voie de terre , trouvent
toujours des placements avantageux.

Les brebis de la Californie , dont la laine est très-ordi-
naire , ont cela de particulier , qu'elles portent presque toutes
quatre cornes ; dernièrement on en a introduit une assez
grande quantité du Mexique de même que de la Nouvelle-
Hollande dont l'espèce est excessivement fine , ce qui doit
faire espérer une grande amélioration dans la race.

Quant aux chevaux , la race californienne a toujours été
considérée comme la plus grande , la plus· forte et la plus
belle de l'Amérique ; aussi les exportations annuelles étaient
assez considérables avant la conquête ; mais depuis l'occupa-
tion américaine les Indiens ont volé presque tous les chevaux
des *ranchos* dont ils aiment beaucoup la viande , et il a
fallu remplacer le cheval californien par des importations des
Etats-Unis, du Mexique et de Sydney. — La même cause
doit avoir motivé les grandes importations de mules si utiles
dans ce pays pour les transports aux mines.

L'on voit, d'après ce qui vient d'être dit , que le commerce de la Californie a pris une direction entièrement différente de ce qu'il était avant la conquête, et la seule chose qui puisse rappeler les anciennes transactions, c'est que dernièrement on a recommencé à préparer les peaux de bœuf et vache pour être exportées aux Etats-Unis ou en Europe. — Je dois ajouter aussi que quelques tanneries ont été déjà établies dans différents endroits, et l'on peut prédire que cette branche d'industrie deviendra un jour très-importante, surtout lorsque la main-d'œuvre sera à un prix moins élevé pour permettre à nos produits d'être vendus aussi bon marché que les importations des Etats-Unis et d'Europe.

Le climat de la Haute-Californie est tempéré. — A San-Francisco un fort vent de nord-ouest rend le séjour de cette ville presque insupportable depuis le mois de mars jusqu'en septembre ; mais en automne et en hiver, malgré la saison des pluies, le temps est généralement beau.

Les montagnes et une grande partie des plaines sont couvertes d'arbres d'une grande variété ; on y trouve différentes espèces de chênes dont les glands font la nourriture principale des Indiens, des cèdres, des pins d'une hauteur prodigieuse. — On a construit des scieries en différentes parties du pays pour faire de ces pins les planches si nécessaires pour la construction des maisons dans les nouvelles villes de la Californie. — Ces forêts sont peuplées d'une foule de bêtes sauvages, du grand ours et du petit écureuil gris, chassé pour sa peau ; les airs sont remplis d'une grande variété d'oiseaux très-curieux par leurs jolis plumages, et les eaux abondent de poissons dont une partie est peut-être encore inconnue aux ichthyologistes.

On doit parler maintenant des richesses minérales de ce pays nommé, avec juste raison, le Nouvel-Eldorado.

L'or, ce grand point d'attraction du genre humain, cause principale du progrès immense de ce pays, doit être traité en premier lieu. — On le trouve sur toute la ligne de la Sierra-Nevada (montagnes de neige) dans le sol d'alluvion qui sépare ces montagnes de celles de la côte et même au bord de la mer, dans une poudre bien fine, au point nommé *Gold-Bluff* ou promontoire d'or. — Pendant quelques mois de l'année passée, cette dernière découverte causait assez d'enthousiasme ; mais la côte étant trop dangereuse pour y charger les navires de ce lest précieux, cette découverte a été abandonnée, son bénéfice devenant trop coûteux a obtenir par suite de la cherté de la main-d'œuvre en Californie. L'or est généralement disséminé dans le sable, sur les colines, dans les vallées, comme aussi dans les fleuves et leurs divers affluents, en particules et en gros morceaux, quelquefois du poids de plusieurs livres, entouré d'un sable noir ferrugineux et enterré jusqu'à la profondeur de 50 pieds et quelquefois davantage. C'est surtout le lavage de ce sable qui occupe des milliers de mineurs depuis les sources San-Joaquin et du Stanislas, dans les régions du sud jusqu'aux sources de la rivière des Plumes et de la Yuba, nommées mines du nord. — Toutes ces rivières se vident dans le Sacramento. — On a découvert aussi de l'or dans les rivières de Trinity et d'Umpqua, dans l'Oregon et aussi tout près de San-Diego.

On se sert pour ce lavage, pour extraire l'or, de toutes sortes de machines, de la simple *Batea* du Mexicain au *Rocker* des Américains.

La découverte de quelques riches veines a causé la formation de plusieurs compagnies d'ouvriers mineurs pour en faire l'exploitation pour leur compte, mais la plupart de ces sociétés ont dû suspendre leurs travaux faute de ressources et de manque de connaissances scientifiques, si indispensables pour le travail des mines. — Ces veines sont principalement formées de quartz et contiennent l'or en particules presque invisibles et quelquefois aussi en beaux morceaux. — Les essais ont donné d'un sou à cinquante sous la livre, sans compter des morceaux choisis qui ont produit jusqu'à 200 piastres la livre. — Par suite des frais énormes en Californie, où les gages d'un simple manœuvrier sont de cinq piastres par jour, il devient presque impossible de bénéficier avec profit ces terres quartzeuses ; aussi a-t-on abandonné jusqu'à présent l'exploitation des terrains qui renferment moins de 10 sous d'or à la livre. — Le quartz, qui a ce rendement ou plus, est moulu par des machines excellentes et soumis ensuite à l'amalgamation. — Il est évident pour tous que de fortes compagnies peuvent, seules, faire face à de si grands frais; aussi je crois que les compagnies dernièrement formées en Europe, pour l'exploitation des mines du colonel Fremont, auront des chances de succès.

La production de l'or pendant le courant de l'année passée a été fort considérable ; d'après les livres de la douane l'exportation s'élèverait à 43,856,000 piastres, somme prise des manifestes des navires et des bateaux à vapeur en partance. — Comme il est reconnu que beaucoup de passagers emportent de l'or dans leurs malles sans en faire la déclaration, que les bijoutiers de San-Francisco consomment considérablement de ce métal précieux , que beaucoup est converti ici en pièces de 50 piastres , et qu'enfin grand nombre de mineurs cachent leurs trésors jusqu'à ce que leur ambition soit satisfaite , l'on peut dire , sans exagération , que le total de la quantité d'or tiré des mines de la Californie en 1851 arrive au chiffre approximatif de 88,000,000 piastres , quatre-vingt-huit millions de piastres , et il est probable que l'année courante en produira autant.

En second lieu , on doit parler de l'argent vif californien, destiné à renverser le monopole de la maison Rothschild et de fournir aux Républiques de l'Amérique du Sud cet agent puissant de l'amalgamation à des prix si bas , qu'il permettra le travail aux mines d'argent les plus pauvres. — Les mines du *Neuvo-Almaden,* dans les montagnes de la côte, à quatre lieues du Pueblo de San-José et à vingt lieues de San-Francisco , sont les seules qui aient été travaillées jusqu'à présent, malgré qu'on ait trouve du riche cinabre , contenant jusqu'à 70 $\%$ de ce précieux métal dans d'autres parties desdites montagnes et près de Sonora , dans les mines du Sud. — Le produit total de l'argent vif en 1851 doit dépasser le chiffre de 20,000 quintaux, dont la plus grande partie a été exportée au Mexique ; le mois de novembre seul figure pour plus de 6,000 flacons de 75 livres chaque, expédiés à Mazatlan. — Cette production considérable a causé une diminution dans les prix , qui ont été de 115 piastres à 120 piastres le quintal à San-Francisco , et sont tombés à 70 et 75 piastres ; et, au Mexique, de 150 à 155 piastres , le prix est descendu à 60 piastres , et même deux lots de 1,000 et 600 flacons ont été réalisés à 50 piastres le quintal.

Les mines d'argent, dont plusieurs ont été découvertes, celles de cuivre, de plomb, de fer et autres métaux n'ont pas encore été exploitées; mais le temps ne tardera pas à venir où elles joueront aussi un beau rôle. On en peut dire autant du charbon de terre, des marbres précieux, du sel gemme, etc., etc., trouvés en plusieurs endroits.

Les ressources immenses qu'offre la Californie, et dont je viens d'en énumérer une partie, ont pour conséquence naturelle un commerce très-actif; et comme San-Francisco est le marché principal, soit pour la consommation du pays, soit pour le commerce extérieur, les détails qui vont suivre sur cette ville donneront une idée du grand mouvement commercial qui existe dans la Haute-Californie.

Le gouvernement central a encore créé comme ports d'entrée les villes de San-Diego, Monterey et Benicia, et ports de livraison, seulement accessibles aux navires Américains, Sacramento et Stockton, mais leur importance n'est que secondaire.

La ville de San-Francisco, située à sept lieues du *Golden Gate* (goulet de la baie) compte aujourd'hui environ quatre mille maisons et une population de 30,000 âmes. — Dans l'année passée tous les éléments s'étaient combinés pour détruire l'opinion favorable qu'on s'était formée de cet *emporium* de l'Occident.

Le nouveau collecteur Butler King, ignorant les devoirs de sa mission, fit tout ce qu'il était en son pouvoir pour ruiner le commerce étranger; des dispositions accablantes se suivaient pour être révoquées le lendemain, quand on lui prouvait qu'elles étaient basées sur une fausse interprétation

2

de la loi, d'autres restaient en vigueur pour être reprimées par le gouvernement de Washington. — Sans s'occuper à détailler ces ordres contradictoires, on se bornera à citer la rigueur avec laquelle il donnait suite à une circulaire de la Trésorerie relative au déchargement des navires dans l'espace de quinze jours. — Cet ordre était donné par suite des rapports bien réglés des ports principaux de l'Atlantique, mais à San-Francisco, où il n'y avait ni des magasins publics pour les marchandises déclarées à l'entrepôt, ni des magasins particuliers capables de résister aux incendies; où les frais de débarquement dépassaient souvent la valeur des marchandises; où l'intérêt de l'argent était de 5 à 10 p. %, par mois et faisant, conséquemment, l'acquittement immédiat des droits de douane, une chose impossible pour beaucoup d'importateurs, cet ordre, disons-nous, devenait une sévérité cruelle.— La conséquence a été que les incendies de mai et juin de l'année dernière ont consumé une valeur d'environ 15,000,000 de piastres, somme qui aurait considérablement été diminuée si les importateurs avaient eu le droit de se servir de leurs navires comme magasins d'entrepôt. — Deux des magasins publics furent brûlés par ces incendies, et les entrepositaires sont encore forcés aujourd'hui de payer les droits de douane sur les marchandises déposées, malgré qu'elles soient brûlées, en attendant que le montant de ces droits soit remboursé par ordre du congrès général.

Les *Appraisers*, ou appréciateurs de la douane, qui ont mission d'examiner et estimer les marchandises importées, sont d'une ignorance inouïe, sans la moindre connaissance des prix et des usages des différents pays, et d'une partialité choquante.

Toutes ces entraves, le mauvais état des affaires commerciales, les grands envois faits, coup sur coup, de tous les points du globe, de toutes marchandises, et calculés sur une population beaucoup plus forte de ce qu'elle était réellement, ont occasionné inévitablement un encombrement extraordinaire sur ce marché et la ruine de plusieurs maisons de commerce; il fallait une population aussi énergique comme celle de San-Francisco pour se remettre de telles pertes et des accablements qu'elles ont causés.

A peine huit mois se sont écoulés depuis le dernier incendie (le 22 juin 1851), et voilà notre ville non seulement reconstruite, mais encore augmentée par de belles maisons en briques et par le comblage d'une bonne partie de la baie où les navires ont dû faire place à plusieurs nouvelles rues. — Une partie des collines de sable, entrant dans le plan de la ville, ont été nivelées très-promptement et surtout d'une manière fort ingénieuse. — On se sert pour ce travail d'une machine à vapeur, nommée *Steam Paddy*, qui fait l'excavation avec la plus grande facilité, remplissant les chariots qui, montés sur un chemin de fer, emportent, par leur propre poids, le sable aux différentes parties du port que l'on veut combler.

Par suite de l'agrandissement de la ville, on a continué les quais jusqu'à une longueur de 3,000 pieds, où les navires peuvent mouiller, et qui offrent une grande facilité pour le déchargement des marchandises. — Les Américains se servent aussi d'une petite machine à vapeur pour décharger leurs grands navires, et leur expédition est telle que le *Tradewind*, le plus grand navire marchand qui soit venu à

San-Francisco, a déchargé, il y a peu de jours, son entier chargement, de 2,850 tonneaux, dans l'espace de huit jours. — Outre les facilités offertes à la navigation, il faut encore remarquer l'établissement de plusieurs chantiers, tant pour la réparation que pour la construction des navires; et le gouvernement général a contracté à New-York un *Floating sectional Dock*, au prix de 640,000 piastres, pour être placé dans la baie de San-Francisco avant la fin du mois de mai 1853, comme chantier général. — Le gouvernement a voté, en outre, des fonds pour la construction d'un édifice pour la douane et d'un hôpital de marine; mais le Collecteur actuel préfère payer de grosses rentes pour la location de ces établissements et laisser dormir les fonds dans ses caisses. — On en peut dire autant des phares et fanaux; rien n'a encore été fait pour leur construction, malgré que plusieurs navires aient déjà fait naufrage sur ces côtes. — Puisque on a parlé de l'hôpital de marine, on ne doit point oublier de dire que l'ancienne loi, chargeant les navires et les passagers d'une contribution, a été modifiée dernièrement, et qu'aujourd'hui il n'y a que les passagers qui paient cette contribution, qui est fixée à :

Cinq piastres par chaque passager de chambre,

Et Trois piastres　　　　》　　　　》　　　　d'entrepont. — Moyennant cette contribution, chaque homme ou femme a le droit d'être admis, en cas de maladie, à l'hôpital de marine pendant deux années sans aucun frais pour le malade.

Le total des navires arrivés dans le courant de l'année passée est de 1,141 bâtiments, d'un tonnage d'environ 420,000 tonneaux, non compris les bateaux à vapeur qui font les voyages de Panama et autres navires côtiers pour le commerce dans les limites de l'Etat. — Ces 1,141 bâtiments appartenaient aux nations suivantes :

Américains............	682 navires.
Anglais.............	161 »
Français.............	51 »
Hanséatiques.............	46 »
Chiliens................	45 »
Mexicains............	33 »
Péruviens........	25 »
Diverses nations.........	98 »

1,141 navires.

Les détails qui vont suivre donneront une idée de la part prise par le commerce français dans ce mouvement :

En 1851 , 48 navires sont venus des ports de France, d'un tonnage de.. 16,361 tonn.

dont 39 — 39 français de...	12,961 tonn.	
5 anglais........	2,149 »	
2 américains...	640 »	
2 sardes........	611 »	
48 navires.... ...	16,361 tonn.	

et 12 navires 12 français, venant des ports étrangers.................................. 2,829 »

60 nav. dont 51 français, faisant ensemble un tonnage de....... 19,190 tonn.

soit les 51 navires français...	15,790 tonneaux.	
et 9 navires étrangers.	3,400 »	
60 navires..........	19,190 tonneaux.	

Ce résultat offre une très-grande amélioration, comparé avec les arrivages des années antérieures, qui sont :

En 1850, 28 navires français venant des ports de France, d'un tonnage de...................... 9,010 tonn.

26 navires français venant des ports étrangers, d'un tonnage de......... 6,597 »

54 bâtiments d'un tonnage de............ 15,607 tonn.

En 1848 et 1849, 20 navires français, venant des ports étrangers, d'un tonnage de...................... 6,324 tonn.

7 navires français venant des ports de France, d'un tonnage de......... 2,734 »

27 bâtiments, d'un tonnage de............ 9,058 tonn.

Les livres de la douane ayant été brûlés dans le grand incendie du 3 mai 1851, il n'est possible que de donner les renseignements suivants d'une manière officielle. — Du 3 mai 1851 au 31 décembre 1851, les arrivages sont de :

Navires américains venant des ports américains..	304	de 123,355 tonn.
— — étrangers...	222	de 74,440 »
Navires étrangers — —	259	de 75,489 »
Total des navires arrivés, suivant les livres de la douane, dans les huit derniers mois de 1851,	785	de 273,284 tonn.
et les renseignements pris à bonne source donnent pour les quatre premiers mois de la même année......................	356	de 145,131 »
Ce qui donne pour toute l'année 1851..............	1,141	de 418,415 tonn.

Tous ces navires sont exempts du droit de tonnage, exceptés les navires français qui paient 94 centièmes de piastre par tonneau. — Il est bien regrettable que le commerce croissant de la France soit sujet à de telles restrictions, et que les traités existants entre les deux gouvernements ne soient pas basés sur les principes libéraux des autres nations maritimes.

Le nombre des bateaux à vapeur de mer, qui entretiennent les communications avec toute la côte occidentale, depuis l'Oregon jusqu'à Panama, est de 27, d'un tonnage de 20,086 tonneaux, et celui de bateaux à vapeur moyens, pour le commerce intérieur, est de 45, de 5,531 tonneaux. — Dernièrement, ce nombre a été encore augmenté de 5 bateaux à vapeur pour l'Océan, dont le tonnage n'est pas encore connu. — Le commerce de l'intérieur occupe, en outre, une flotille de goëlettes et chaloupes qui visitent tous les points des baies de San–Francisco, San-Pablo et de la rivière Sacramento et ses divers affluents. — Plusieurs bateaux à vapeur, favorisés par les dernières pluies, ont remonté les rivières jusqu'à *Frenck–Camp*, sur le *Stanislas*, et à la nouvelle ville de Theama sur le *American river*, à 485 milles d'ici.

Le chiffre des navires partis dans le courant de l'année passée arrive à 1,117, d'un tonnage approximatif de 500,000 tonneaux, et expédiés aux ports suivants :

Aux îles du Pacifique...............................	265	bâtiments.
A Panama et aux ports de l'Amérique centrale.	157	—
A la Nouvelle-Hollande et Zélande...............	88	—
Des ports Mexicains........	116	—
— Chiliens...................................	215	—
— Atlantiques............	76	—
— Péruviens.........	59	—
	976	bâtiments.

976 bâtiments, plus :

119	—	en Chine, d'un tonnage de	62,754	tonneaux.
31	—	à Manille, —	14,477	—
74	—	à Calcutta, —	42,550	—
6	—	à Sincapour, —	2,986	—
11	—	à Batavia, —	4,802	—

1,217 bâtiments.

Le 31 décembre 1851, il y avait en rade 241 navires, dont :

181 Américains,

36 Anglais,

6 Français,

18 Diverses nations.

---

241 navires, et à peu près 50 *Store Ships* ou vieux

---

bâtiments qui ne peuvent plus mettre à la voile. — En 1850 et au commencement de 1851, le chiffre des navires en rade était de 6 à 700.

Les expéditions faites dernièrement de New-York et de Boston de *Clipper Ships*, de 1,000 à 2,800 tonneaux, fameux pour leur qualité de bons voiliers, et faisant le voyage, soit de Boston, soit de New-York en Californie en 87 jours, et le plus en 120 jours, paraissent destinés à favoriser d'une manière extraordinaire l'agrandissement du commerce américain dans toutes les parties du monde. — Ces grands navires, immédiatement après leur déchargement à San-Francisco, se dirigent vers la Chine, où ils vont prendre des cargaisons pour l'Angleterre. Depuis le temps de Cromwell, les lois anglaises ne permettaient pas aux étrangers de faire ce commerce, mais la suspension de cette loi, en 1851, a ouvert les ports anglais au commerce étranger.

La conséquence naturelle d'un marché surchargé et de l'état de gêne générale du commerce dans tout le courant de l'année passée, a été la réexportation d'une grande quantité de marchandises et même des cargaisons entières dont la plupart ont été envoyées au Mexique, Panama, Pérou et Chili. — Les

navires destinés pour la Chine et l'Inde emportaient des piastres, demi-piastres et onces mexicaines dont l'importation pendant toute l'année 1851 arrive à peine au chiffre de 500,000
piastres. Aussi pour avoir de cette monnaie fallait-il payer
une prime de 4 et demi à 5 p. 100. — Cette grande exportation d'onces et de piastres mexicaines et même des dol-
lards, demi-dollards, pièces de 2 et demi, 5 et 10 piastres
des États-Unis avait fait complètement disparaître, en 1851,
la monnaie en Californie, et il n'y avait guère plus en circulation que des pièces d'or de cinquante piastres, nommées
slugs, ayant la forme d'un octogone, frappées par A. Humbert, essayeur envoyé par le gouvernement général, et
ayant cours forcé en Californie. — C'est à l'émission de ces
pièces de cinquante piastres qu'il faut attribuer le haut prix
qu'obtient aujourd'hui la poudre d'or, parce qu'à 16 piastres
et 16 piastres 50 que valait l'once d'or en poudre, il y a
quelque temps, les banquiers trouvaient un bénéfice de 5 à
6 p. 100 en l'envoyant à la fonte et en avoir le produit en
pièces de 50 piastres; cette opération, aussi simple que pro-
ductive, qu'a voulu faire tout le monde, a eu pour conséquence d'élever le prix de la poudre d'or à 17 25 et 17 piastres 50 l'once, poids de Troy, et encore est-il fort difficile
de s'en procurer, car les banquiers ont des agents aux mines qui l'accaparent pour faire la provision des nombreuses
traites qu'ils tirent sur les places d'Europe et d'Amérique.
— Pendant les derniers mois de l'année passée, par suite de
l'exportation de la monnaie, San-Francisco n'avait guère
plus, ainsi que je l'ai déjà dit, que des pièces de cinquante
piastres, et pour en trouver le change, il fallait payer une

prime de 1 p. 100 à 1 et demi p. 100. — Cet état de choses ne pouvait durer, et sur les plaintes du commerce , le gouvernement de Washington a autorisé dernièrement l'essayeur A. Humbert de frapper des pièces de 10 et 20 piastres ayant cours forcé. — Nous avons aussi les pièces de 5 et 10 piastres, frappées par les affineurs hongrois MM. Waas, Molitor et Comp^e, et MM. Moffat et Comp^e qui jouissent d'un assez bon crédit , mais dont le cours de leurs monnaies n'est pas forcé et qui ne sont pas même acceptées pour le paiement des droits de douane. — Les monnaies mises en circulation de 1849 à 1851 , par les compagnies des mineurs de l'Oregon et par MM. Baldwin , Dubosq et Schulz ont complètement disparu de la circulation et ont été refondues avec une perte de 5, 10 et 20 p. 100. — Les représentants de la Californie à Washington ont fait tout leur possible pour faire passer une loi pour l'établissement d'un hôtel des monnaies à San-Francisco , et tout fait espérer que ce projet sera mis à exécution d'ici à quelques mois.

Par les incendies des mois de mai et juin 1851 , presque toutes les archives de la ville furent détruites , de même que celles de l'administration de la douane, ce qui rend fort difficile , ainsi qu'il est déjà dit , de pouvoir dresser une statistique parfaitement exacte des affaires commerciales de ce pays. — Cependant, les renseignements ci-après étant pris à bonne source , peuvent être considérés comme exacts.

Les importations de l'année passée embrassent une grande diversité de marchandises dont la note suivante indique les plus importantes :

Viande salée................ ....   31,589 barils de 200 livres.
Sucre....................... 209,367 quintaux.
Café.......................   43,351   »
Farine.......•........ ... 262,268 sacs ou barils de 200 livres.
Haricots....................   44,389 sacs de 180 livres.
Orge.................... 180,591   »   »   100 et 150 livres.
Avoine....................   43,575   »   »   d°   200 livres.
Maïs.....................   15,310   »   »   d°   d°   »
Pommes de terre............. 337,875   »   » 100 livres.
Mélasse......................   21,550 barils de 300 livres.
Eau-de-vie de toute espèce.   28,372 barils de 16, 18, 20 et 30 gallons
Thé....................   41,052 caisses assorties.
Vin rouge....................   28,630 bques de 60 gal. et barils de 18 et
                                                25 gallons.
Idem — et blanc.......... 136,564 caisses de douze bouteilles.
Vin de Champagne...........   12,721   »   d°   d°
Huile d'olive.................   5,761   »   d°   d°
Charbon de terre.............   72,564 tonneaux de 2,240 livres.

D'après le livre du jaugeur de la ville, voici qu'elle serait la note des importations de liquides dans le courant de l'année 1851 :

Cognac........... ....   442,967 gallons.
Genièvre....................................   57,700
Rhum....................   20,486
Whiskey anglais............................   44,765
Alcool (3|6)...............................   28,311
Mescal (eau-de-vie mexicaine)..........   22,210
Vins de Lisbonne...................... ·   160,793
Divers vins blancs.........................   150,610
Vin d'Oporto.............................   215,296
Vin de Bordeaux. 1,139,434
Liqueurs..................................   25,833
Bière.....................................   129,126
Vinaigre..................................   46,484
Sirops assortis............................   7,478
Huiles diverses.........................   30,000

Les *Clippers* arrivés des États-Unis dans les trois derniers mois de 1851, ont importé en outre 494,890 gallons d'eau-de-vie, auxquels il y aurait à ajouter un million de gallons, environ, importés dans les neuf premiers mois de la même année.

Les droits de douane payés sur les marchandises venant de l'étranger s'élèvent, pour l'année 1851, à 2,128,563 de piastres, ce qui donne une valeur réelle des importations étrangères aux ports d'embarquement de 7 à 8,000,000, sept à huit millions de piastres. — Les importations des différents états de l'Union-Américaine dépassent, en valeur, de beaucoup, lesdits chiffres.

On ne doit point oublier non plus de parler de l'importance de San-Francisco pour la pêche à la baleine; les expéditions faites d'ici sont déjà de retour, après une absence de six mois, avec d'assez bons résultats, et tout fait supposer que San-Francisco deviendra le grand dépôt des huiles de baleine et de sperme si important pour le commerce américain.

L'état financier de la ville de San-Francisco commence aujourd'hui à se remettre du pillage des employés de 1850. — Les commissaires du *Sinking Fund* — caisse d'amortissement — ont tâché de mettre de l'ordre dans les dettes de la ville; ils ont capitalisé 1,300,000 de piastres qui portent un intérêt de 12 p. 100 par an, et dont les premiers coupons sont déjà payés; ils ont amorti en sus la somme de 50,000 piastres, à 45 p. 100, et, aidés par la municipalité actuelle, ils ont introduit de grandes économies qui donnent du crédit aux fonds publics, mais qui laissent nos rues dans un état pitoyable et qui, en retranchant d'une manière ridicule le nombre des officiers de police, donnent de la suprématie aux voleurs.

On a déjà parlé de la vénalité des juges en Californie et de ses suites; cependant je dois ajouter que les dernières élections ont causé un changement favorable, et l'on peut dire que les Cours de justice suivantes sont assez bien admitrées. Le *Recorders Court* s'occupe du premier examen des criminels et des délits contre les ordonnances de la ville. — *Judges of peace* ou Juges de paix s'occupent des petites demandes, de la désertion des marins, etc., etc. — Le *District court* décide les procès civils et criminels du département, et les *Superiors* et *Supreme courts* jugent les cas d'appel, et dernièrement on a encore institué le *United states district court*, pour juger les questions de l'état, de la douane, etc. — J'ai déjà eu occasion de faire mention du Tribunal pour l'examen des titres de terrains en Californie dont le séjour n'est que provisoire.

Pour lutter contre l'incendie, ce terrible fléau qui a englouti tant de fortunes en Californie, on a creusé des citernes dans tous les quartiers de la ville de San-Francisco, formé des compagnies de pompiers, et on s'occupe maintenant, d'une manière sérieuse, à faire venir d'un lac situé à deux lieues de la ville, de l'eau en quantité suffisante pour tenir constamment les citernes en état de pouvoir fournir à nos pompiers les moyens de pouvoir lutter contre l'incendie. — Malheureusement, toutes ces précautions ne peuvent empêcher que l'on ne reste ici toujours comme sur un volcan, car la plus grande partie de la ville est construite en bois, et

il ne se passe pas de jour sans un fort vent de nord-ouest ,
ce qui vous rend constamment exposé aux incendiaires ou à
la moindre négligence.

Par les feux des mois de mai et juin de l'année dernière
tous les théâtres , toutes les imprimeries , la douane , quelques églises et plus de quinze cents maisons furent détruites.
— Depuis , on a reconstruit deux beaux théâtres américains
en briques et un théâtre français en bois qui répondent parfaitement à l'attente qu'on avait le droit d'espérer. — Des
dix journaux publiés avant lesdits incendies , quatre seulement ont pu se remettre de leurs pertes ; deux d'entre eux
donnent une colonne française. — Outre ces publications
journalières , nous avons encore trois journaux ou revues
commerciales , paraissant chaque huit jours.

Quant à l'état politique de la Californie , il reste à dire
que le nouveau congrès s'est installé provisoirement à Sacramento , où le sort des deux capitales , le Vallejo et le San-
José sera décidé. — La première de ces deux villes l'est
devenue par un acte du dernier congrès par suite des promesses faites par le général Vallejo , d'y construire , à ses
frais , des maisons publiques , pour une somme de 300,000
piastres , et la seconde , San-José , est la capitale désignée
par la Constitution. — Des questions fort intéressantes ont
été soumises à la législature actuelle , mais aucune n'a pu
trouver encore sa solution , parce que les membres , doués
de peu de patriotisme , sont plus jaloux de leur principe
whig ou démocrate que du bien de l'état.

Les mêmes abus de l'ancienne administration de cette
ville s'étaient introduits dans le gouvernement de l'état. —

Selon le rapport du gouverneur, la dette de l'état s'élève
à 2,200,000 de piastres, dont 700,000 piastres sont capi-
talisées portant intérêts à 7 p. 100 par an. — Mais il paraî-
trait qu'il s'est trompé de 500,000 piastres, puisque les frais
de la guerre contre les Indiens et leur pacification y figurent
pour un million de piastres, tandis qu'ils ne sont que d'environ cinq cent mille piastres ! — Le gouvernement général a déjà cédé à l'état la somme de 300,000 piastres ; on
réclame encore lesdits frais de guerre, les terrains maréca-
reux, etc., au bénéfice de l'état de la Californie, ce qui
donne aux obligations de la ville un bon crédit.

Le rapport du dernier gouverneur démontre cependant
une grande injustice dans le système de taxation — En
1851, les 6,367 âmes des contrées du sud, ont payé
41,705 piastres 26 c. d'impôts fonciers, tandis que les
119,917 habitants des mines n'ont payé que 21,253 piastres
66 cents. — Le droit de capitation a donné presque le
même résultat, et le total des impôts de 1851 donne les chiffres de 246,247 piastres 70 c., payés par 79,778 agricul-
teurs et citadins, contre 71,213 piastres 60 c., payés par
lesdits 119,917 habitants des mines. — Du 1er juillet 1850
au 30 juin 1851, les revenus de l'état se sont élevés à
372,340 piastres 10 c., dont la ville de San-Francisco y a
contribué pour 128,493 piastres 13 c.; celle de Sacramento
pour 42,092 piastres 29 c., et le reste par d'autres petites
villes et les mines.

Ces impôts ont été augmentés dernièrement de beaucoup,
et voici comment ils ont été établis pour l'année 1851-1852,
du 31 octobre 1851 au 1er novembre 1852

Sur toute propriété personnelle et réelle, il faut payer :

Droits de la ville.....	1 % sur la valeur de la propriété.	
Fonds pour les écoles.	1/5ᵉ de un pour cent..................	*City taxes.*
Amortissement de la dette publique.....	1 1/4 % sur la valeur..........	
Droit de l'état........	1/2 % » » »........	
Intérêts..............	15/00 % » » »........	*County taxes.*
Droits de la province.	1 % » » »........	

Ce qui porte l'ensemble des impôts à payer sur la valeur de chaque propriété à 4 p. 100 un quart, environ, par an. — Chaque commerçant est tenu en outre de payer une licence dont le prix se fixe suivant le chiffre d'affaires que l'on fait

En voici le tarif :

P. 200 par trimestre, pour toute personne faisant de 30,000 piastres et au-dessus, d'affaires par mois.

			Piastres par mois.
» 150 par trimestre, pour toute personne faisant de			20,000 à 30,000
» 125	dᵒ	dᵒ	15,000 à 20,000
» 100	dᵒ	dᵒ	10,000 à 15,000
» 75	dᵒ	dᵒ	5,000 à 10,000
» 50	dᵒ	dᵒ	4,000 à 5,000
» 25	dᵒ	dᵒ	3,000 à 4,000
» 15	dᵒ	dᵒ	1,500 à 3,000
» 8	dᵒ	dᵒ	moins de 1,500

Ceux qui font le commerce des liquides ont un supplément de taxe de dix piastres par trimestre.

De grandes améliorations ont été faites par des particuliers pour faciliter les transports aux mines. — On trouve partout maintenant des diligences et des bureaux de commissionnaires qui se chargent de l'expédition des voyageurs, des marchandises, des espèces et des lettres. — Dans l'administration des postes de grandes améliorations ont aussi été faites. Le coût des ports de lettres a été considérablement diminué et on a établi des bureaux de poste en quatre-vingt-neuf endroits de l'État.

L'esprit spéculatif des Américains ne s'est point borné à ces entreprises; il se traite sérieusement de l'établissement de plusieurs chemins de fer ; et la ligne de San-Francisco à San-José, quarante-huit lieues en ligne droite, a déjà été arpentée, et le coût du chemin de fer estimé à 1,500,000 de piastres. — Un autre plan parle d'une ligne de Sacramento à Nevada, mais le projet principal et véritablement gigantesque est celui d'unir le Pacifique avec les sources du Missouri par un chemin de fer qui mettrait nos rivages sous les portes de New-York. — Le congrès de Washington a déjà contribué pour 300,000 piastres destinées à l'établissement d'une ligne télégraphique entre ces deux points, et on espère, avec juste raison, qu'il fournira sous peu de temps les moyens pour arpenter les différentes routes proposées. — Toute la nation s'intéresse à cette entreprise qui ouvrira un nouveau canal aux produits des Indes.

Pour faciliter nos communications avec la Chine, une compagnie a dernièrement fait des propositions à la législature de Washington, pour l'établissement d'une ligne de bateaux à vapeur de San-Francisco à Shangai , et si cette concession a lieu , elle doit amener inévitablement le gouvernement de Washington à établir des liaisons diplomatiques et commerciales avec les habitants du Japon , afin d'avoir des dépôts de charbon sur ces côtes.

Déjà deux bateaux à vapeur sont partis d'ici dans cette

direction, l'un pour faire le commerce avec les îles Sandwich et l'autre pour se rendre à Sydney ; mais ces expéditions isolées n'ont rien de commun avec le grand projet conçu, et ne donne qu'une idée de l'esprit entreprenant de notre population.

On ne peut finir cette revue commerciale sans parler des différentes routes prises pour atteindre ces parages bénis. — La plupart des marchandises et quelques passagers arrivent par la voie du Cap-Horn, et la plus grande partie des passagers et quelques marchandises arrivent par la voie de Chagres et Panama, où une Compagnie américaine s'occupe de l'établissement d'un chemin de fer dont une partie est déjà finie ; une autre ligne est celle de Nicarragua par San-Juan du Nord, sur l'Atlantique, à San-Juan del Sud, sur le Pacifique ; on est occupé à creuser un canal sur cette route, et plusieurs petits bateaux à vapeur entretiennent en attendant les communications par la rivière et le lac. — C'est aussi l'œuvre d'une Compagnie américaine. — Suit ensuite le projet d'un canal du Rio-Atrato, dans la province de Choco de la Nouvelle-Grenade, où il n'y aurait que quelques lieues à creuser dans un terrain élevé de 213 pieds du niveau de la mer pour arriver sur les bords du Pacifique. — Des routes par le Mexique il y en a plusieurs, et l'on doit mentionner ici les principales. — Celle de Tehuantepec, cédée par le gouvernement Mexicain à M. J. Garay et par celui-ci à une Compagnie américaine, est l'une des principales. Il se traite un projet de réunir le Rio-Guazacualco avec la baie de Ventoza, ou l'Estero de Tehuantepec par un canal ou un chemin de fer ; depuis un an des ouvriers sont occupés à y faire un chemin , mais le gouvernement Mexicain , jaloux des progrès de ses voisins , fait tout son possible pour chasser les Américains de leurs nouvelles acquisitions. — On s'est occupé aussi d'une communication inter-océanique d'Alvarado à Huatulco , et de Vera-Cruz voie d'Orizava à Acapulco , de même que d'un chemin de fer de Vera-Cruz à Acapulco par la voie de Mexico , mais l'état désolant de la politique et du commerce Mexicain a empêché le versement des capitaux étrangers dans ces entreprises.

La description des différentes routes prises du Texas et des autres états Atlantiques , pour atteindre par terre nos rivages, remplirait des volumes, et l'on se bornera à dire que la plus grande partie des caravanes qui ont fait cette route , sont sorties de St-Joseph, sur le Missouri, et qu'elles ont débouché en différents endroits du Rio-Gila jusqu'à l'Orégon.

En jetant un coup d'œil sur les détails qui viennent d'être donnés, l'on s'apercevra des résultats immenses déjà obtenus par les ressources inépuisables de la Californie, dont l'importance va grandir tous les jours. — Le triste état de la politique Européenne doit contribuer à peupler ces régions aurifères dont le sol vierge peut nourrir des millions d'habitants.

San-Francisco, le 10 février 1852.

P. MAURY junior.

www.ingramcontent.com/pod-product-compliance
Lightning Source LLC
LaVergne TN
LVHW012313050726
842524LV00004B/1381